1 MONTH OF
FREE
READING

at

www.ForgottenBooks.com

By purchasing this book you are eligible for one month membership to ForgottenBooks.com, giving you unlimited access to our entire collection of over 1,000,000 titles via our web site and mobile apps.

To claim your free month visit:

www.forgottenbooks.com/free1168031

ISBN 978-0-428-39533-9
PIBN 11168031

OBSERVATIONS

SOMMAIRES

SUR LES BIENS ECCLÉSIASTIQUES,

Du 10 Août 1789.

Par M. l'abbé Sieyès.

« Ils veulent être libres, & ils ne savent
» pas être justes ! »

A PARIS;

Chez Baudouin, Imprimeur de l'ASSEMBLÉE
NATIONALE, rue du Foin-St.-Jacques, N°. 31.

1789.

OBSERVATIONS

SOMMAIRES

Sur les Biens Ecclésiastiques.

Du 10 Août 1789.

« Ils veulent être libres, & ils ne savent
» pas être justes. »

JE ne réponds ni à la haine, ni à l'envie, ni aux
plaisanteries de mauvais ton qui tombent sur le
Clergé comme sur une victime dévouée. Il est encore
des hommes justes, même parmi ceux qui peuvent si
aisément abuser de leur force. C'est à eux que je
m'adresse.

On affirme que la Nation est *Propriétaire* des biens
du Clergé, parce que ces biens servent en même
temps de salaire aux Ecclésiastiques. L'idée la plus
simple en fait de propriété, est qu'un bien appartient
à celui à qui il a été donné, ou qui l'a acquis. Les
biens ecclésiastiques n'ont point été donnés à la Nation, mais au Clergé, à de certaines charges ou
conditions. S'il ne refuse pas d'en remplir les charges,
on ne peut pas le dépouiller.

Mais, dit-on, la Nation peut décréter qu'elle n'a
plus besoin de Clergé. On s'attend peut-être que je
vais combattre cette idée : pas du tout ; je veux, au
contraire, la prouver. Le Service Ecclésiastique est un

A

fervice public ; le Corps du Clergé eft un des Corps
politiques dont l'enfemble forme le Gouvernement.
A ce titre, il exiftoit pour la chofe publique ; il
exiftoit légitimement. Mais, comme tous les Pouvoirs
publics, il eft foumis à la volonté nationale, à ce que
nous appelons le Pouvoir conftituant, qui peut, fans
contredit, le fupprimer tout-à-fait, s'il le juge inutile,
ou le conftituer autrement. Mais, tant qu'il exifte, il
eft Propriétaire ; pourquoi ? parce qu'en qualité de
Corps moral, il eft habile à pofféder, & parce qu'en
effet de grands biens lui ont été donnés en propriété.
Nous verrons bientôt quel a été l'avantage de ces
donations. Commençons par reconnoître, 1°. qu'un
Corps politique peut pofféder. Il fuffit de citer les
Villes, les Hôpitaux, les Colléges, &c., qui ont des
propriétés particulières. Le Clergé, dit-on, n'eft pas
un Corps phyfique, ce n'eft qu'une collection d'individus.... Et la Nation eft-elle autre chofe ? Pourquoi
voulez-vous la rendre Propriétaire, quand vous refufez
cette poffibilité au Clergé ? Je ne fais fi votre nou-
velle légiflation fera praticable, mais, à coup fûr,
ce n'a pas été jufqu'ici celle de la France ni d'aucun
pays au monde. 2°. Le Clergé a reçu de grands
biens ; les donations, les fondations ont été immenfes,
& elles ont été faites à perpétuité. Ici, nous n'avons
pas befoin de preuves. Donc le Clergé eft véritable-
ment Propriétaire.

Cependant, afin d'écarter toute équivoque, je
remarque que la Nation eft propriétaire en ce fens,
que tous les biens, tant des Corps que des Particuliers,
font *dans* la Nation, & doivent tous contribuer à la

dépenfe publique ; mais gardons-nous de croire qu'elle foit propriétaire en ce fens, que les biens des Affociations ou des Particuliers lui appartiennent : du moins ce n'eft pas ainfi qu'on l'a entendu jufqu'à préfent.

Actuellement, qu'il me foit permis de dire à ceux qui pourfuivent le Clergé, dans la vue de s'emparer de fes biens : les propriétés eccléfiaftiques vous tentent-elles ? eh bien ! détruifez le Corps ; attendez la mort des Titulaires, & vous aurez tout. Car, très-certainement, lorfque l'ufufruitier ou l'adminiftrateur viager vient à mourir, fi le propriétaire n'exifte plus, ce n'eft plus à lui que le fonds peut appartenir. Alors vous jugerez la queftion : eft-ce l'Etat qui doit hériter du Bénéfice, ou bien doit-il retourner à la famille du Fondateur ?

Tels font les principes en cette matière. Tant que le Corps du Clergé ne fera point fupprimé, il eft feul propriétaire de fes biens : or, vous ne pouvez ravir la propriété ni des Corps, ni des Individus. Vous avez beau faire déclarer à l'Affemblée Nationale, que les biens *dits* eccléfiaftiques appartiennent à la Nation : je ne fais ce que c'eft que de déclarer un fait qui n'eft pas vrai. C'eft à faire des Loix que le Corps légiflatif eft appelé, & non à décider des faits. C'eft pour réformer, pour modifier les Pouvoirs publics, que la Nation délègue l'exercice de fon pouvoir conftituant, & non pour déplacer les propriétés. Lors même que, faififfant un moment favorable, vous feriez *déclarer* que les biens du Languedoc appartiennent à la Guienne, je ne conçois pas comment une fimple Déclaration pourroit changer la nature des droits. Je

conviens feulement que fi les Gafcons étoient armés,
& s'ils vouloient & pouvoient, par une grande fupériorité de forces, exécuter la prétendue Sentence, je
conviens, dis-je, feulement, qu'ils envahiroient la
propriété d'autrui. Le fait fuivroit la Déclaration,
mais le droit ne fuivroit ni l'un ni l'autre.

Le paffage fuivant eft extrait d'une brochure de
l'année paffée. « La Nation elle-même, quoique fu-
» prême Légiflateur, ne peut m'ôter ni ma maifon,
» ni ma créance. En remontant aux principes, œn
» rencontre la garantie de la propriété comme le but
» de toute Légiflation. Comment imaginer que le
» Légiflateur puiffe me la ravir ? Il n'exifte que pour
» la protéger.... Ajoutons que le Légiflateur repré-
» fente la volonté commune de la Nation ; qu'il agit
» par des Loix générales, jamais par des actes parti-
» culiers d'autorité. Il ne peut dépouiller les uns au
» profit des autres; & fa procuration, quelqu'étendue
» qu'elle foit, ne fauroit l'autorifer à écrafer une
» claffe de Citoyens pour foulager les autres. »

Tenons-nous-en donc au principe. Tant que le
Clergé exiftera, vous ne pouvez pas en hériter. Voulez-vous fes biens ? tuez le Propriétaire. Cela n'eft pas
bien difficile ; il fuffira d'un acte du pouvoir conftituant, par lequel il fera décrété que la Nation n'a plus
befoin, & ne veut plus du Corps Politique du Clergé.

Après cette opération, il refte encore l'Ufufruitier
titulaire ; car on fait que les Bénéficiers font à titre
inamovible. Les Ufufruitiers font des individus phy-
fiques ; on ne les tue pas de la même manière qu'un
Corps moral ; & puifqu'il n'eft pas vraifemblable

qu'on faſſe faire ſon procès à chaque Bénéficier pour
s'en défaire plus tôt, il eſt néceſſaire autant que juſte
d'attendre la fin de l'uſufruit, ce qui ne peut pas
tarder beaucoup. En attendant, les extinctions jour-
nalières feront aſſez conſidérables pour avancer vos
vues. Il me ſemble que cette manière d'aller à votre
but eſt non-ſeulement plus juſtifiable en principe,
mais encore elle ſeroit d'une meilleure politique; &
dans la circonſtance en particulier où nous ſommes,
je ne ſais ſi vous pouvez en prendre une autre, ſans
vous expoſer à une infinité de maux tant particuliers que publics, qu'il eſt de votre ſageſſe & de votre
humanité de prévenir. Il ne faut point punir cent mille
Eccléſiaſtiques d'être Eccléſiaſtiques, puiſque la Loi
n'avoit pas dit que c'étoit un crime de le devenir; &,
en vérité, à l'exception d'un petit nombre que le
crédit ou le haſard a trop favoriſés, on peut m'en
croire, le ſort des autres n'eſt pas ſi fort à envier. Il
faut en convenir auſſi, de ſemblables réformes ne
doivent point ſe bruſquer, & jamais moment n'auroit été plus mal choiſi pour jeter tout à-coup dans
le Public de ces grands changemens qui dérangent à la
fois une multitude infinie de rapports, & qui ſont
ſi propres à exciter l'intérêt des uns contre l'intérêt
des autres.

Je crois avoir ſuffiſamment indiqué la véritable
marche à ſuivre pour la deſtruction du Clergé, ſi
l'on perſiſte à vouloir l'anéantir. J'avoue que j'eſ-
time davantage une conduite franche, qui ne craint
point d'annoncer clairement ſon but, parce qu'alors
au moins on peut choiſir entre les moyens d'y arriver,

& qu'on peut attaquer la chofe, fans avoir l'inhuma-
nité d'affaffiner la perfonne (1).

Reprenons la fuite de nos premières idées.

Les biens eccléfiaftiques appartenoient fans doute à
ceux qui les ont donnés. Ceux qui les ont donnés
pouvoient en faire un tout autre ufage. Ils étoient
libres dans leur difpofition ; or, ils les ont donnés au
Clergé, & non à la Nation ; donc ils appartiennent
au Clergé, & non à la Nation. Le Corps moral &
politique de la Nation ne peut lui-même être Propriétaire que de ce qu'on lui donne, ou de ce qu'il auroit
acquis avec ce qu'on lui a donné. Il eft aifé de lire les
chartres de fondation, & de me prouver, fi je me
trompe, que l'intention des Fondateurs a été de léguer
leur bien à la Nation, & non au Clergé.

Je paffe aux motifs & à la nature des conceffions
faites au Clergé.

La France a adopté & profeffe la Religion Catho-
lique-Romaine. S'il y a, comme l'on dit, quarante-
quatre mille Paroiffes dans le Royaume, on peut croire,
en s'en tenant à deux Prêtres par Paroiffe, qu'il en
faudra près de cent mille. Il feroit difficile d'apprécier

---

(1) Une des chofes qui caractérifent le mieux le temps & le lieu
où j'écris, eft le filence abfolu que je puis, que je dois garder ici
fur la difficulté affez grande, à mon avis, de fe paffer de Religion
dans un grand Empire, ou de conferver le culte établi, fi l'on en
fupprime les Miniftres. MM. les Réformateurs difent avoir beaucoup
réfléchi fur cette queftion, & ils fe chargent de tout ; nous nous
permettrons pourtant tôt ou tard d'en parler un peu, comme s'ils ne
s'étoient chargés de rien.

leurs falaires l'un dans l'autre, à moins de 1200 liv. Dans cette fuppofition, voilà déià une fomme de 120,000,000, reconnue indifpenfable pour foutenir en France le Culte établi, fans compter les frais de la chofe.

Deux moyens fe préfentent pour acquitter cette fomme : vaut-il mieux laiffer les propriétés du Clergé continuer la charge du fervice eccléfiaftique, ou bien eft-il plus fage, plus prudent & moins onéreux de répartir ce nouveau fardeau fur les Peuples par la voie de l'impôt?

On a cru autrefois, que le produit net d'une terre, au lieu d'être confommé inutilement par un propriétaire oifif, pouvoit être chargé d'acquitter un fervice public. Les fiefs militaires doivent leur origine à cette idée. Les Fondateurs des Bénéfices, dans un temps où les idées religieufes avoient plus d'empire qu'aujourd'hui, ont voulu affurer de la même manière le fervice des Autels. Ils ont, à l'envi, doté le Clergé d'une partie de leurs propriétés, à telles charges ou conditions. Peut-on dire férieufement que, par de tels actes, les Fondateurs des Bénéfices ont fait tort à la Nation ? Ont-ils dépouillé le Peuple, en le difpenfant de payer un impôt de plus ?

Si des Citoyens auffi zélés pour l'intérêt du Peuple, dans un Ordre différent, avoient fondé de même le fervice de la Magiftrature fur le produit net de quelques terres dans chaque reffort, les accuferiez-vous d'avoir chargé la Nation, en rendant la juftice gratuite ?

La généralité des contribuables aujourd'hui ne fournit pas moins de 140 millions pour la dépenfe mi-

litaire de terre & de mer. Ce service, on ne le niera
pas, étoit autrefois à la charge des Fiefs, comme le
service ecclésiastique est encore à la charge des bénéfices. Si cette dépense étoit prise, comme autrefois,
directement sur le produit net des Fiefs, il y auroit
à la vérité un moindre nombre de consommateurs libres & oisifs, mais regarderoit-on ce retour à l'ancien
ordre, comme un accroissement de charge pour les
Peuples que vous soulageriez par-là de plus de 140
millions d'impôts !

Cessez donc de dire que la Nation s'est dépouillée
en faveur des Ecclésiastiques. Les Fondateurs des bénéfices sont au contraire venus à votre secours. Le
produit des terres qu'ils ont léguées au service des
Autels, seroit consommé par d'autres Il le seroit, ou
par des gens oiseux, ou par des Citoyens qui ne se
chargent d'un service public qu'à la condition de recevoir un nouveau salaire. Ne vaut-il pas mieux que
ces propriétés, qui d'ailleurs ne sont pas moins utiles
à l'État entre des mains ecclésiastiques, qu'entre des
mains laïques, puisqu'elles payent la même contribution, soient en même-temps le salaire d'une fonction
publique, & deviennent ainsi une décharge réelle pour
la Nation, de plus de 110,000,000 liv. d'impôts? Par
quel étrange renversement d'idées les Ecclésiastiques
vous paroîtroient-ils supportables, si vous les aviez à
votre charge, & ne pouvez-vous les souffrir, parce
qu'ils ne sont à charge à personne? Vous les haïssez:
soit; mais je le répète, mettez-vous en évidence; il ne
tient qu'à vous qu'il n'y en ait bientôt plus.

Le Clergé Catholique a cela de particulier, que tout

homme qui a reçu le fous-diaconat, devient inhabile
à tout autre état. Ce font vos Loix qui l'exigent ainſi.
Hâtez-vous donc d'avertir les pères-de-famille de ne
plus deſtiner leurs enfans à un état qui eſt profcrit
dans le fond de vos cœurs. Défendez à vos Evêques
de recevoir ceux qui, dans l'ignorance de vos vues,
pourroient fe préſenter à l'Ordination; car votre Loi
eſt atroce, ſi elle ouvre un état aux Citoyens, &
qu'enſuite elle leur faſſe un crime d'y être entrés. Que
ſi l'habit d'un Eccléſiaſtique vous le rend ſi odieux,
que ce foit une jouiſſance pour vous de lui tendre des
piéges; fouvenez-vous au moins qu'avant de le prendre,
cet habit, votre Compatriote étoit comme vous, qu'il
vous reſſembloit entièrement; prévenez-le au moins
de ne pas s'expoſer aux malheurs que vous lui préparez.

Les gens à préjugés m'ont blâmé d'attaquer les Pri-
viléges: aujourd'hui ils me blâment de défendre la
propriété. Ainſi, tout homme qui fe tient avec fer-
meté fur la ligne des principes, eſt ſûr de déplaire à
ceux qui s'en écartent, foit d'un côté, foit de l'autre.
Je ne doute pas le moins du monde que ceux qui
pourſuivent avec tant d'acharnement le Clergé du
dix-huitième ſiècle, n'euſſent été les premiers à flatter
fuperſtitieuſement celui du douzième: le même principe les guide; ils fervent le préjugé régnant.

Je n'adopterai point la maxime qu'il faut écraſer
le foible, & careſſer les pieds du fort. Tout citoyen
digne d'être libre, (& c'eſt un grand malheur que tout
le monde ne le foit pas) n'eſt aux pieds de perſonne,
& il n'opprime perſonne. Plus on a une haute opinion
de ſes droits, plus on reſpecte les droits d'autrui. *Com-*

ment pourrez-vous être libres, si vous ne savez pas être justes ?

Je vais considérer les biens des Ecclésiastiques sous un autre point-de-vue. Tout homme qui aura réfléchi sur les différentes sortes de superstitions & d'intolérances qui régnent successivement dans la Société, s'étonnera moins de l'inexprimable confusion d'idées qui obscurcit aujourd'hui toutes les questions relatives au Clergé; & il plaindra peut-être ceux qui, placés sur les confins de toutes les intolérances, sont destinés à être les victimes de toutes, sans espoir de trouver un abri auprés de la raison & des principes de justice qu'ils réclament en vain.

On ne veut pas voir que les biens de nos prédécesseurs, c'est-à-dire, des François qui ont vécu dans les siècles passés, pouvoient se transmettre jusqu'à nous de deux manières, ou par la voie ordinaire & légale de l'hérédité, ou par une voie toute aussi légale & peut-être plus sage, celle de l'élection. Je m'explique.

Un Citoyen riche, maître de disposer de son bien, fait son testament, & dit : je veux laisser mes biens à mes enfans; mais je ne les connois pas. D'ailleurs, je ne veux pas que mes enfans, parce qu'ils auront de quoi vivre, restent inutiles à la chose publique. Je prie donc le Peuple ou le Magistrat de nommer lui-même aux différentes parties de mes propriétés, suivant la qualité & la mesure du service public que mes descendans se rendront capables d'acquitter.

Au milieu des Coutumes ridicules & barbares dans lesquelles nous avons vécu, il est résulté deux bons effets de cette manière de transmettre son bien par élection plutôt que par la Loi commune de l'hérédité. Le premier a été, comme je viens de le dire, d'obliger à être utiles ceux qui ont voulu prendre part à leur patrimoine ; le second, de souftraire au moins une partie des biens de nos aïeux au dévorant droit d'aîneffe. On ne niera pas fans doute que ces biens eccléfiaftiques, tant enviés, n'ayent été le partage de ces puînés à qui d'indignes Loix ou de fots préjugés raviffoient leur héritage direct. Une partie de la propriété de nos pères eft donc ainfi parvenue, fous une forte de garde publique, à ceux de leurs enfans que le préjugé déshéritoit, mais que leurs fervices réhabilitoient dans leur patrimoine.

Ce mode d'hérédité n'eft peut-être pas fi ridicule ! & je ne vois pas, fur-tout, qu'il foit taché d'un grand vice, à caufe précifément de la condition qui exige, dans le candidat, des talens ou des vertus pour être habile à hériter. Cependant, telle eft cette haine aveugle & jaloufe dont je ne ceffe de parler, parce que je ne ceffe d'en rencontrer des preuves, qu'on pardonneroit plutôt aux Eccléfiaftiques la poffeffion des biens de leurs pères, s'ils n'étoient chargés d'aucun fervice public.

Ou plutôt, puifqu'il faut le dire, on s'accoutume à regarder le Clergé comme une horde étrangère & ennemie, tombée de je ne fais où, & qui ne tiendroit par aucun lien aux fondateurs des Bénéfices. Il femble qu'en changeant d'habit ou d'état, on ait ceffé d'être les enfans des hommes qui vivoient autrefois. Cette filiation, feul titre fur lequel on fonde tant de réclamations, tant de plaintes, les Laïcs croient bonnement qu'eux feuls la poſsèdent. Ils vous parlent ſans ceſſe de leurs ancêtres, & jamais des vôtres ; & parce qu'ils ont hérité gratuitement de la preſque-totalité de leurs biens, ils en déduiſent qu'à eux ſeuls auſſi devroit appartenir le patrimoine eccclésiaſtique, que nous conſidérons, dans ce moment, comme l'héritage des puînés. Tels ſont les ſentimens généreux dont l'ex-preſſion nous frappe preſque à chaque inſtant. Cruelle poſition, que d'être toujours en butte à des hommes paſſionnés, dont pas un pourtant ne voudroit être à votre place, aux mêmes conditions qui vous l'ont acquiſe : car je ne parle pas de quelques Abbés inu-tiles, favoriſés par d'heureuſes circonſtances, que la moindre réforme feroit diſparoître pour jamais.

Lorſque j'entends les Laïcs ſe livrer à une chaleur extrême contre les biens Eccléſiaſtiques, je me de-mande toujours : à qui donc en veulent ils ? Préten-dent-ils dépouiller ceux qui poſsèdent ? Ils diſent que non ; ils conviennent qu'il faut attendre leur mort. En ce cas, qui dépouilleront-ils, ſi ce n'eſt leur propre poſtérité ? Eſt ce que les biens Eccléſiaſtiques peuvent paſſer à d'autres qu'aux enfans des Laïcs ? Que veu-lent-ils donc ? ôter à leurs enfans, par jalouſie contre leurs frères.

Sans doute, une partie des biens Eccléſiaſtiques peut recevoir un meilleur emploi, puiſque ces biens ſont non-ſeulement une propriété, mais encore un ſalaire. La Loi conſerve un grand empire ſur la la-titude des fonctions ainſi ſalariées ; elle peut, ſans violer la propriété, lui indiquer ſa plus véritable deſ-tination. Sous ce point de vue, rien n'eſt plus intéreſſant pour la Nation, qu'une réforme utile à laquelle on ne peut pas douter que toute la partie ſaine du Clergé ne ſe prêtât avec zèle.

Outre la direction de l'emploi, conformément à l'eſprit des Fondations & à l'intérêt public, j'attribue encore à la Loi le choix des propriétés, qui, pouvant choquer l'intérêt général, peuvent mériter d'être éteintes moyennant indemnité. Mais cette règle eſt générale pour toutes les claſſes de la Société. Toutes les fois qu'une propriété quelconque eſt jugée nuiſible à la choſe publique, elle doit être ſupprimée, avec dédommagement pour le Propriétaire, ſoit de gré à gré, ſoit d'après une regle fixée par la Loi elle même. La dîme, par exemple, que je regarde comme la preſtation territoriale la plus onéreuſe & la plus incommode pour l'agriculture, peut & doit être rachetée, ainſi qu'on vient de le propoſer dans la Séance du 4 Août. Mais, quand on conſerve quelque idée de juſtice & de logique, on ne conclura pas de toutes ces vérités, que les biens eccléſiaſtiques appartiennent à la Nation & non au Clergé, & qu'on peut les lui enlever, en ſe contentant de lui aſſigner, n'importe comment, des ſalaires convenables. Le Clergé poſsède en propriété les biens qui lui ont été donnés en propriété ; ces biens ſont grevés d'une preſtation de ſervices ; c'eſt une charge de la fondation ; il faut qu'elle ſoit acquittée. Quelle eſt la propriété qui n'a pas été ſoumiſe à quelque charge? Seroit-ce une raiſon pour qu'un bien ainſi tranſmis ne pût pas être une propriété ? A-t-on jamais permis à celui en faveur de qui une redevance a été impoſée, d'expulſer le Pro-

priétaire , & de s'emparer du bien ? A cet égard , j'ai
fuffifamment indiqué les principes. Je le répète : tant
que le Propriétaire exifte, vous ne pouvez que fur-
véiller & diriger le fervice auquel il eft tenu ; ou
fi une partie de fa propriété eft nuifible , la fupprimer avec indemnité. Si vous avez des projets fur
la propriété elle-même , une autre conduite vous eft
ouverte : détruifez l'affociation politique ou le Corps
moral ; attendez la mort des Ufufruitiers titulaires (1),
car une poffeffion viagère eft auffi une propriété, &,
alors , vous feul évidemment pouvant hériter de tous
ces biens, vous en ferez ce qu'exigera l'intérêt
public.

On fuppofe entre l'ufufruit & la propriété , des
différences qui font plus dans le mot que dans la chofe.
Qu'eft-ce que l'ufufruit, fi ce n'eft une propriété à vie ?
Qu'eft-ce qu'une propriété à vie, fi ce n'eft pas un
ufufruit perpétuel ? Vous dites : l'ufufruitier ne peut
pas aliéner fa terre ; auffi ne demande-t-il pas à la
vendre ; & puis, qu'importe cette aliénation, fi la

_____

(1) Je n'attache point au terme d'*ufufruit* tout l'attirail dont la
Jurifprudence a fu jufqu'à préfent étouffer les notions les plus claires.
Ici , l'ufufruit n'eft que la jouiffance viagère. Si l'on veut être d'une
exactitude rigoureufe, on pourra dire que les Bénéficiers font, ainfi
que les Commandeurs de Malte , par exemple , de fimples *Admi-
niftrateurs à vie* & inamovibles, d'un bien dont la propriété appartient au Corps du Clergé , ou à l'Ordre de Malte. Une jouiffance
viagère eft une propriété tout comme une autre. Parce qu'on ne
peut pas aliéner le bien dont on jouit, ce n'eft pas à dire qu'on
n'ait pas le droit d'en jouir.

terre eſt bien cultivée ? Le Propriétaire qui ne veut pas aliéner, reſſemble parfaitement à l'uſufruitier qui ne le peut pas.

Les bénéfices peuvent être regardés comme des ſubſtitutions perpétuelles ; on ne ſe plaint pas des ſubſtitutions laïques ; & cependant, quelle différence ! Les biens Eccléſiaſtiques ne paſſent pas de force à un tel plutôt qu'à un autre. A chaque vacance, le Collateur choiſit le ſujet qui doit en hériter pendant ſa vie. Vous dites qu'au moins les propriétés particulières changent de main : n'y a-t-il pas lieu de vous répondre qu'un bénéfice change non – ſeulement de main, mais preſque toujours de famille ? Il n'eſt pas de propriété qui s'étende plus facilement ſur toutes les claſſes de la Société. D'ailleurs, les biens du Clergé, qui payoient au fiſc autant que ceux de la Nobleſſe, vont dorénavant être ſoumis à la contribution commune, ſans aucune différence. Enfin, s'il vous faut un Propriétaire en titre, nous l'avons dit, ce Propriétaire eſt le Corps du Clergé, habile à poſſéder ainſi que tout autre Corps moral, & poſſédant de fait ce qui lui a été *donné* ; en quoi il reſſemble à la très-grande partie des autres Propriétaires, de ceux du moins qui ne ſe vantent pas d'avoir *conquis*.

J'avoue que je ne conçois rien à la plupart des raiſonnemens qui ſe font en cette matière : on diroit que la ſeule expreſſion d'uſufruitier fait pitié ; & l'on entend par-tout répéter cet étrange non-ſens : comment oſe-t-on comparer un Uſufruitier à un Propriétaire ? Pour moi, je ne vois pas en quoi l'Uſufruitier ſeroit plus utile ou plus intéreſſant pour l'Etat, s'il devénoit Propriétaire libre ; ou comment la propriété fert mieux l'Etat que l'ufufruit dont il s'agit , puifque celui ci, outre fa contribution commune , fournit encore un falaire particulier. Tout ce que j'y vois de difference , n'eft qu'à l'avantage privé du Propriétaire. Il eft plus maître que l'Ufufruitier de faire, s'il veut, un mauvais ufage de fon bien, & d'employer librement tout fon temps à fes jouiffances le Public ne puiffe fe difpenfer de la reconnoiffance.

On ajoute, en fe fâchant, qu'il eft ridicule de comparer un célibataire à un père de famille. Je ne compare rien ; mais, avant de confidérer la qualité de célibataire dans l'Officier chargé d'une fonction publique quelconque, je remarque que tout homme voué à un fervice public, mérite, s'il le remplit dignement, non pas le courroux ou le dédain, mais l'eftime & la reconnoiffance de la part des Citoyens, qui n'ont à fonger qu'à leurs intérêts particuliers ; je remarque fur-tout, que ce fentiment n'eft pas jufte, qui porte ces derniers à fe croire une grande & méritoire fupériorité fur ceux qui veillent à l'utilité commune. Après cela, je demande fi l'on veut confidérer le célibat eccléfiaftique, comme un bien ou comme un mal pour la chofe publique. Si c'eft un un bien, il n'y a plus de reproche à faire. Si c'eft un mal, à qui la faute ? Pourquoi, dans votre ordinaire & brillante impartialité, n'ofez-vous pas condamner le célibataire laïque, libre pourtant d'accepter le lien du mariage, tandis que vous couvrez d'une critique amère le célibataire forcé ? Ainfi fe conduiroit le Légiflateur, s'il

voyoit

voyoit avec indifférence toute fainéantife chez celui
qui a l'ufage de fes bras, & s'il vouloit punir de
fon oifiveté celui-là feulement qu'il a commencé par
garrotter de chaînes. *Ils veulent être libres ; & ils
ne favent pas être juftes !*

Le titre de père de famille eft refpectable, fans
doute ; mais combien j'ai vu d'hommes intriguans,
ambitieux, n'invoquer qu'en faveur d'une baffe cupi-
dité, & d'une lâcheté réelle ; l'intérêt que l'on porte
à cette qualité ! Certes, il n'eft pas très-commun encore que les Citoyens fe marient par patriotifme, &
pour le bien de l'Etat. Les vues particulières, l'intérêt perfonnel font bien pour quelque chofe dans
ces fortes d'arrangemens ; & celui qui a le plaifir &
la peine d'élever fes enfans, n'a pas tout-à-fait le
droit d'envier celui fur-tout à qui telle fonction publique & les Loix enlèvent cette poffibilité.

Revenons aux Propriétaires ; on voit qu'il en eft
de deux fortes : les Propriétaires libres, & ceux qui,
font chargés d'un fervice public.

Une opinion exagérée préfente les Propriétaires
libres, comme la claffe la plus importante de l'Etat. Il
eft plus exact de dire qu'ils en font en général les
Citoyens les plus fortunés. Voilà ce qui les diftingue
des autres, & non une prétendue fupériorité fur toutes
les autres claffes. Le grand intérêt de l'Etat réfide
dans les propriétés, & non dans tel ou tel Propriétaire.
Pour que les terres foient productives, il faut de bons
Cultivateurs, il faut des avances confidérables. Le
Confommateur oifif du produit net n'eft pas, quoi qu'on
dife, la caufe la plus effentielle de la reproduction ;

B

car le travail & les avances exifteroient encore fans doute, lors même que le Confommateur cefleroit d'être oifif. Ce qui eft important pour l Etat, eft donc que les terres foient bien cultivées, & qu'elles payent une forte impofition proportionnelle. On ne perfuadera jamais à un homme capable de réfléchir, qu'il y va du falut public que le produit net reftant appartienne à l'homme oifeux plutôt qu'à celui qui, de plus, & à ce titre, eft chargé d'un fervice public quelconque. Cependant, tel eft le préjugé en vigueur dans la plupart des têtes, qu'un gros Propriétaire libre, & puiffamment occupé de fes jouiffances perfonnelles, fe regarde bonnement comme l'être le plus important, comme l'objet précieux en faveur de qui roule toute la machine politique, & pour qui doivent travailler ou s'agiter toutes les claffes de Citoyens qu'il appelle fes falariés. Que d'erreurs à corriger avant que l'on puiffe avoir une bonne Conftitution !

Les Poffeffeurs des Bénéfices eccléfiaftiques font dans la claffe des Propriétaires chargés d'un fervice public. En ce fens, ils font encore aujourd'hui ce qu'ils ont toujours été, à la différence des Poffeffeurs des fiefs militaires qui, d'une part, ont ceffé le fervice, & de l'autre, fe font attribué la propriété nue & fimple de leurs fiefs. Heureux dans leur ufurpation, ils reprochent apparemment aux Eccléfiaftiques de ne les avoir pas imités ; mais pourtant que feroit-il arrivé, fi les Titulaires Eccléfiaftiques avoient fuivi cet exemple ? Il en feroit réfulté, comme nous l'avons dit, au moins cent vingt millions de plus d'impofitions fur les Peuples. Plus je réfléchis fur cette alternative, moins je puis trouver mauvais que le service ecclésiastique ait continué d'être à la charge des terres cédées à cet effet au Clergé ; & même j'oserai regretter que les dépenses militaires ayent cessé d'être acquittées par cette énorme quantité de fiefs fondés en faveur d'un Corps National Militaire qui n'existe plus. On ne me fera jamais accroire que cette manière d'assurer les deux grands services publics fût plus onéreuse aux Peuples que l'impôt dont il est presque par-tout accablé.

J'ai déjà prouvé que rien n'empêche un Corps moral & politique de posséder, & d'être Propriétaire. L'histoire & l'état actuel des Sociétés humaines fourmillent d'exemples à cet égard. Si néanmoins on réussit à établir la maxime contraire, que fera-t-on des domaines des Villes, des biens appartenans à cent établissemens publics, comme Hôpitaux, Maisons d'Education, &c. ? Après des fondations aussi utiles, il seroit superflu de citer l'Ordre de Malte, celui de S. Lazare, &c. ; mais on peut demander comment on établira une exception en faveur de la Nation elle-même, ce Corps moral & politique qui embrasse tous les autres, & qui n'est pas plus habile à posséder que toute autre association. Certes, si le plus petit Bailliage ne juge une contestation de quelques écus qu'avec poids & mesure, on peut s'étonner de l'extrême vivacité avec laquelle un Corps revêtu de la fonction de Législateur, remue & préjuge les questions & les affaires les plus importantes dans leurs relations morales & politiques.

L'affranchissement des terres ou leur libération de

toutes charges, excepté celle de l'impôt, est une des plus belles Loix qu'il soit possible de faire. Mais, la première de toutes, & la plus importante sans doute, est celle qui protège toute propriété, & qui, lorsque l'intérêt de la chose publique exige l'extinction de quelque partie, ne la supprime pourtant dans les mains de son légitime possesseur, qu'en l'indemnisant de sa perte. Je ne m'explique pas pourquoi, dans l'ASSEMBLÉE NATIONALE, tant de Députés se hâtent d'invoquer leurs Cahiers sur une foule de détails quelquefois insignifians, & qu'aucun, dans une circonstance assez grave cependant, ne s'avise de réclamer le premier article de tous les Cahiers, qui dit : la propriété doit être sacrée & inviolable.

Avant de finir, il est bon de remarquer qu'une partie des erreurs que je combats, peut venir d'une simple inexactitude de langage. On entend dire continuellement que le Roi *donne* un Bénéfice, comme on dit qu'il donne une Pension, un Commandement : l'expression est fausse. Le Roi ne donne point de Bénéfice, il y *nomme*. Ce sont les Propriétaires, les Fondateurs qui ont *donné*. Les Bénéfices n'appartiennent pas au Roi ; il ne peut point les garder ; il ne peut pas, en bonne règle, les laisser vacans, & lorsqu'il y *nomme*, ce n'est pas de la même manière qu'il nomme à une Pension, à un Emploi. Il ne fait autre chose que désigner celui à qui, d'après les intentions du Fondateur, tel Bénéfice doit appartenir pendant sa vie. Ainsi les biens du Clergé peuvent être assimilés aux substitutions à perpétuité. Le choix du titulaire, usufruitier n'a pas toujours appartenu au Roi.

On, fait comment s'est opéré le changement arrivé à cet égard. Mais la nomination aux Bénéfices, en changeant de main, n'a pas pour cela changé de nature. Ce n'eſt jamais qu'un choix entre des perſonnes habiles d'ailleurs à poſſéder.

———————

Je n'ai ſeulement pas le temps de relire ce que j'ai écrit. Les ennemis du Clergé le preſſent avec tant de vivacité, & le moment eſt ſi favorable pour ſatisfaire au ſentiment qui les pouſſe, que vraiſemblablement mes obſervations arriveront trop tard, ſi l'on daigne même y faire la moindre attention. En ce cas, je me contenterai de répéter avec les gens ſages : qu'il eſt bien aiſé aux François de commettre les plus grandes injuſtices, dès qu'ils ſe mettent à ſentir au-lieu de penſer, & à décider les queſtions avant de les avoir apprifes.

L'ASSEMBLÉE NATIONALE a décidé de plus, dans la nuit du 4, que la pluralité des bénéfices n'auroit plus lieu à l'avenir. Je n'ai nulle envie de rappeler ſur cette queſtion les Loix déjà faites, ni d'en propoſer de nouvelles, qui pourroient facilement valoir beaucoup mieux. Je ne veux que ſoumettre au Lecteur quelques obſervations qu'il eût été bon de prévoir avant de rien arrêter.

Les bénéfices ſimples, dans l'état actuel, ne peuvent être conſidérés que comme des récompenſes eccléſiaſtiques. Or, défendre la pluralité des bénéfices, n'eſt-ce pas dire : nous ne voulons point récompenser ceux qui travaillent ; les bénéfices simples ne doivent être conférés qu'à ceux qui ne font rien ? N'est ce pas interdire à un Seigneur de donner un bénéfice de cent écus à son Curé, quelqu'utile qu'il soit dans sa Paroisse, quelque bien qu'il se conduise envers lui ? Lorsqu'une Abbaye viendra à vaquer, n'est-ce pas dire au Roi : vous chercherez un homme sans état, sans occupation pour la lui donner ? Peut-on dire à celui qui possède un Abbaye de 40,000 livres de rente, & qui seroit très-propre pour un Evêché de 30,000 livres, vous ne pourrez devenir utile qu'en sacrifiant votre revenu ? Enfin, comment approuver qu'un homme puisse posséder un bénéfice de cent mille livres, & qu'il ne puisse pas réunir deux Chapelles de cent écus ?

Il n'est point de question qui n'ait une certaine latitude. Il n'est point de changement qui n'entraîne des suites. Ne seroit-il pas sage, n'est-il pas digne d'un corps législatif de les prévoir, & de songer aux moyens de remédier aux inconvéniens, avant de rien statuer ?

Opinion de M. l'Abbé Sieyes sur l'Arrêté du 4 relatif aux dîmes, prononcée le 10 Août, à la séance du soir.

Du 1½ Août 1789.

MES principes sur la Dîme ecclésiastique n'ont pas pu être exposés dans cette Séance. Il ne s'agissoit pas de juger l'affaire au fond, mais seulement de recevoir ou rejeter la rédaction de l'art. VII de l'Arrêté du 4, que le Comité de rédaction avoit présenté à l'Assemblée dans les termes suivans.

« Les Dîmes en nature, ecclésiastiques, laïques &
» inféodées, pourront être converties en redevances
» pécuniaires, & rachetables à la volonté des con-
» tribuables, selon la proportion qui sera réglée, soit
» de gré à gré, soit par la loi, sauf le remploi à faire
» par les décimateurs, s'il y a lieu. »

Je connois aussi-bien qu'un autre tous les inconvéniens de la Dîme, & j'aurois pu à cet égard enchérir sur tout ce qui a été dit. Mais, parce que la Dîme est un véritable fléau pour l'agriculture, parce qu'il est plus nécessaire d'affranchir les terres de cette charge, que de toute autre redevance, & parce qu'il est certain encore que le rachat de la Dîme peut être employé plus utilement & plus également que la Dîme elle-même, je n'en conclus pas qu'il faille faire présent d'environ soixante-dix millions de rente aux Propriétaires fonciers. Quand le légiflateur exige ou reçoit des facrifices dans une circonftance comme celle-ci, ils ne doivent pas tourner au profit des riches ; foixante-dix millions de rente étoient une reffource immenfe : elle eft perdue aujourd'hui. Je dois croire que j'ai tort, puifque l'Affemblée en a jugé autrement ; mais peut-être ce tort ne paroîtra-t-il pas fi grave à ceux qui voudront bien m'entendre.

On a comparé la Dîme à un impôt : elle a très-certainement les inconvéniens du plus-deteftable de tous les impôts ; mais on fe trompe, finon fur fes effets, au moins fur fon origine. Lorfque la Nation, ou plutôt la Loi a parlé pour la première fois de la Dîme, elle s'étoit déjà établie depuis plus de trois fiècles ; elle étoit différente, fuivant les lieux, foit dans fa quotité, foit relativement aux efpèces de produit. Ces différences fubfiftent encore aujourd'hui., elles font la fuite naturelle de la manière dont la Dîme s'étoit établie. Elle a été d'abord un don libre & volontaire de la part de quelqués Propriétaires. Peu-à-peu l'afcendant des idées religieufes l'a étendue prefque par-tout ; elle a fini par être une véritable ceffion, fur-tout par ceux qui tranfmettoient leurs biens ; les héritiers ou les donataires les acquéroient à cette condition, & ils n'en-troient dans le commerce, que chargés de cette redevance. Ainfi, il faut regarder la Dîme comme une charge ou une redevance impofée à la terre, non par la Nation, comme on le prétend fans aucune efpèce de preuve ; mais par le Propriétaire lui-même, libre affurément de donner fon bien à telles conditions qu'il lui plaifoit. Il y a plus ; c'eft qu'il eft impoffible d'imaginer comment ni quand la Nation auroit pu impofer cette prétendue taxe publique. On voit feulement que beaucoup de redevables, tantôt dans un lieu, tantôt dans un autre, refufoient quelquefois de l'acquitter : alors ces conteftations fe terminoient, comme tous les procès, par les Juges. Les premières Loix connues à cet égard n'ont été que la rédaction d'ufages en vigueur. Toutes nos Coutumes font dans ce cas. Elles n'ont pas même dit : la Dîme fera établie ; elles ont dit : c'eft à tort que quelques-uns refuferoient de payer la Dîme. La Loi doit garantir toutes les Propriétés, elle garantiffoit celle-là comme toutes les autres ; & en vérité celle-là ne valoit pas moins qu'une autre. Quand on confidère, avec impartialité, à quelle origine on peut faire remonter toutes les propriétés, on a bien tort affurément de fe montrer difficile fur l'origine des Dîmes...

Quoi qu'il en foit, il fuit, 1°. que la Dîme ne doit point être comparée à un impôt, ou une taxe mife fur les terres, tels que les vingtièmes, par exemple, mais à une véritable redevance mife fur fes biens par le propriétaire lui-même. L'impôt n'eft confenti que pour un temps ; il eft révocable à la volonté des Repréfentans de la Nation, au lieu que la Dîme a été cedée à perpétuité par ceux mêmes qui pouvoient s'en deffaifir. 2°. Par conféquent, elle ne doit pas être fupprimée au profit des propriétaires actuels, qui d'ailleurs favent très-bien qu'ils n'ont jamais acheté la Dîme, & qu'elle ne fauroit leur appartenir. 3°. Néanmoins la Dîme étant à jufte raifon placée dans la claffe des propriétés légitimes à la vérité,

mais nuisibles à la chose publique, il faut l'éteindre
comme on éteint ces sortes de propriétés, c'est-à-dire,
en offrant une indemnité. 4°. Le rachat doit être
convenu de gré à gré entre les communautés & les
décimateurs, ou réglé au taux le plus modique par
l'Assemblée Nationale. 5° Enfin, les sommes pro-
venantes de ce rachat peuvent être placées de ma-
niere à ne pas manquer à l'objet primitif des Dîmes,
& cependant elles peuvent fournir à l'Etat des ressources
infiniment précieuses dans la circonstance.

· C'est ainsi que j'avois conçu l'affaire des Dîmes,
& je conviens que je n'ai pu être de l'avis de
tout le monde. Mais, pour n'en être point confus,
j'ai considéré que j'étois chargé de dire mon avis &
non celui des amis ou des ennemis du Clergé.

Au moment encore où j'écris, je suis étonné &
affligé plus que je ne voudrois l'être d'avoir entendu
décider : « Que les Dîmes de toute nature, &
» les redevances qui en tiennent lieu, sont abolies,
» sauf à aviser aux moyens de subvenir, &c. &c. ».

J'aurois desiré qu'on eût avisé aux moyens de
subvenir, &c. avant d'abolir ; on ne détruit pas une
Ville, sauf à aviser aux moyens de la rebâtir.

J'aurois desiré qu'on n'eût pas fait un présent gratuit
de plus de soixante-dix millions de rente aux propriétaires actuels, mais qu'on les eût laissé racheter
cette redevance comme toutes les autres, & avant
les autres, s'ils la trouvent la plus onéreuse.

J'aurois desiré que par un emploi bien administré
de ces rachats, on eût secouru la chose publique, en
lui prêtant à trois & demi ou quatre pour cent, & l'on

eût fait un fonds fuffifant pour nourrir les Curés, les Vicaires, & tant d'autres Eccléfiaftiques qui vont mourir de faim, en attendant *qu'on ait avifé aux moyens*, &c. parce qu'il eft bien difficile de conjecturer que la Dîme fera payée de fait jufqu'au remplacement promis, malgré les ordres de l'Affemblée.

J'aurois defiré qu'on eût ainfi évité le befoin du remplacement annoncé. Car, fi le remplacement eft payé par un nouvel impôt fur la généralité des contribuables, ceux qui n'ont point de terres, il faut en convenir, ne trouveront pas très-agréable d'être chargés de la dette de Meffieurs les propriétaires fonciers.

Si le remplacement ne porte que fur les fonds de terre ; comme tous les propriétaires ne payent pas la Dîme au même taux, & fur les mêmes produits, les uns perdront, les autres gagneront à cette converfion ; & puis cette idée reffemble un peu au projet d'égalifer les dettes. Si le remplacement n'eft réparti fur les propriétaires qu'à raifon de ce que chacun payoit déjà, étoit-ce bien la peine de rejeter le rachat que je demande ?

Enfin, je cherche ce qu'on a fait pour le Peuple dans cette grande opération, & je ne le trouve pas. Mais j'y vois parfaitement l'avantage des riches. Il eft calculé fur la proportion des fortunes, de forte qu'on y gagne d'autant plus, qu'on eft plus riche. Auffi, j'ai entendu quelqu'un remercier l'Affemblée de lui avoir donné par fon feul Arrêté trente mille livres de rente de plus.

Beaucoup de perfonnes fe perfuadent que c'eft aux

Fermiers qu'on a fait le facrifice de la Dîme. C'eſt connoître bien peu les cauſes qui règlent par-tout les prix des baux : en général, toute diminution d'impôt ou de charge foncière retourne au profit du propriétaire. Les gros propriétaires n'en deviendront pas plus utiles, ou n'en feront pas mieux cultiver cultiver leurs terres, parce qu'au lieu de dix, de vingt mille livres de rentes, ils en auront à l'avenir onze ou vingt-deux. Quant aux petits propriétaires qui cultivent eux-mêmes leurs champs, ils méritent certainement plus d'intérêt. Eh bien, il étoit poſſible de les favoriſer dans le plan du rachat que je propoſe. Il n'y avoit qu'à faire dans chaque Paroiſſe une remiſe ſur le prix total du rachat, à l'avantage des petits cultivateurs & proportionnellement à leur peu d'aiſance. Cette opération eût été digne de la ſageſſe du Légiſlateur, & n'eût fait tort ni au Clergé, ni à l'Etat, attendu la différence des placemens.

J'ai beaucoup entendu dire qu'il falloit bien auſſi que le Clergé fît ſon offrande. J'avoue que les plaiſanteries qui portent ſur le foible dépouillé, me paroiſſent cruelles. Je répondrai ſérieuſement que tous les facrifices qui avoient été faits juſque-là, ne frappoient pas moins ſur le Clergé que ſur la Nobleſſe, & ſur cette partie des Communes qui poſsède des fiefs & des ſeigneuries. Le Clergé perdoit même déjà beaucoup plus que les autres, puiſque lui ſeul avoit des Aſſemblées de corps, & une adminiſtration particuliere à ſacrifier.

Je n'ajoute plus qu'un mot ; y a-t-il beaucoup de juſtice à déclarer que les Dîmes *inféodées* qui ſont de même nature, & ont les mêmes origines, ſoit qu'elles fe trouvent dans des mains Laïques ou dans des mains Ecclésiastiques , font fupprimées avec indemnité pour le Laïc , & fans indemnité pour l'Ecclésiastique ? ..... *Ils veulent être libres , ils ne favent pas êtres juftes !*

Voici mon opinion telle que je l'ai donnée fur la rédaction de l'article qui concerne le rachat des Dîmes, dans la féance du foir du 10 Août. Je n'ai parlé que cette fois fur cet article.

Ainfi tous les difcours qu'on fe plaît à m'attribuer dans un certain public font deftitués de fondement.

« Je ne fais , Meffieurs, fi quelques perfonnes trouvéront que les obfervations que j'ai à vous préfenter feroient mieux placées dans toute autre bouche que dans la mienne ; une plus haute confidération me frappe : c'eft que tout Membre de l'Affemblée lui doit fon opinion quand elle jufte , & qu'il la croit utile. Je dirai donc mon avis.

» L'Affemblée Nationnale a arrêté le 4 , que la Dîme étoit rachetable. Aujourd'hui, il s'agit de la rédaction de cet article , & l'on vous propofe de prononcer que la Dîme ne doit point être rachetée. Soutiendra- t-on qu'il n'y a dans ce changement qu'une différence de rédaction ? Certes, une telle plaifanterie eft trop léonine ; elle montre bien d'où part le mouvement irrégulier qui s'eft, depuis peu, emparé de l'Affemblée, ce mouvement que nos ennemis applaudiffent en fou- riant, & qui peut nous conduire à notre perte. Puif- qu'il faut remonter aux motifs fecrets qui vous guident, & dont , fans doute , vous ne vous êtes pas rendu compte, j'oferai vous les révéler.

» Si la Dîme ecclésiaftique eft fupprimée fans indem-

nité, ainsi qu'on vous le propose, que s'ensuit-il ? que
la Dîme restera entre les mains de celui qui la devoit,
au lieu d'aller à celui à qui elle est due ? Prenez garde,
Messieurs, que l'avarice ne se masque sous l'apparence
du zèle. Il n'est pas une terre qui n'ait été vendue &
revendue depuis l'établissement de la Dîme. Or, je vous
le demande, lorsque vous achetez une terre, n'ache-
tez-vous pas *moins* les redevances dont elle est char-
gée, *moins* la Dîme qu'on paie de temps immémorial ?
La Dîme n'appartient à aucun des propriétaires qui la
paient aujourd'hui ; je le répète, aucun n'a acheté,
n'a acquis en propriété cette partie du revenu de son
bien. Donc, aucun propriétaire ne doit s'en emparer.
Je me suis demandé pourquoi, au milieu de tant d'opi-
nans qui paroissent n'annoncer que le desir du bien
public, aucun, cependant, n'a été au-delà du bien
particulier. On veut tirer la Dîme des mains ecclésiastiques ; pourquoi ? est-ce pour le service public ?
est-ce pour quelqu'établissement utile ? Non, c'est que
le propriétaire voudroit bien cesser de la payer : elle
ne lui appartient pas ; n'importe, c'est un débiteur qui
se plaint d'avoir à payer son créancier, & ce débiteur
croit avoir le droit de se faire juge dans sa propre
cause.

» S'il est possible encore de réveiller l'amour de
la justice qui devroit n'avoir pas besoin d'être réveillé,
je vous demanderai, non pas s'il vous est commode,
s'il vous est utile de vous emparer de la Dîme, mais
si c'est une injustice. Je le prouve avec évidence, en
démontrant, comme je viens de le faire, que la Dîme,
quel que soit son sort futur, ne vous appartient pas.

Si elle eſt ſupprimée dans la main du créancier, elle
ne doit pas l'être pour cela dans celle du débiteur.
Si elle eſt ſupprimée, ce n'eſt pas à vous à en profiter.

» Par le prompt effet d'un enthouſiaſme patriotique,
nous nous ſommes tout-à-coup placés dans une ſitua-
tion que nous n'aurions pas oſé eſpérer de long-temps.
On doit applaudir au réſultat, mais la forme a été
mauvaiſe ; ne faiſons pas dire à la France, à l'Europe,
que le bien même, nous le faiſons mal. Nous nous
trouvons étonnés de la rapidité de notre marche,
effrayés preſque de l'extrémité à laquelle des ſentimens
irréfléchis auroient pu nous conduire. Eh bien ! dans
cette nuit ſi ſouvent citée, où l'on ne peut pas vous
reprocher le manque de zèle, vous avez déclaré que
les Dîmes étoient achetables ; vous n'avez pas cru pouvoir aller plus loin, dans le moment où vous avez
cependant montré le plus de force pour marcher en
avant. Aujourd'hui vous ne ſavez plus vous contenir ;
la Dîme, ſi l'on vous en croit, ne mérite plus même
d'être rachetée ; elle ne doit pas même devenir une
reſſource pour l'Etat. Vous projetez d'en augmenter
votre fortune particulière dans un moment où tous
les autres contribuables ſont menacés de voir dimi-
nuer la leur.

» Il eſt temps de le dire, Meſſieurs ; ſi vous ne vous
contentez pas de rédiger vos arrêtés du 4 ; ſi vous les
changez de tout en tout, comme vous prétendez le
faire à l'égard de la Dîme, nul autre décret n'aura
le droit de ſubſiſter : il ſuffira à un petit nombre
d'entre nous de demander la réviſion de tous les ar-
ticles, d'en propoſer le changement. Rien n'aura été

fait , & les provinces apprendront avec étonnement que nous remettons fans ceffe en queftion les objets de nos arrêtés.

» J'ofe défier que l'on réponde à ce raifonnement : la Dîme a été déclarée rachetable ; donc elle a été reconnue par l'Affemblée elle-même pour ce qu'elle eft, pour une poffeffion légitime : elle a été déclarée rachetable ; donc vous ne pouvez pas la déclarer non-rachetable.

» Ce n'eft pas ici le moment d'entrer dans une autre difcuffion. Si vous jugez que la Dîme doive fubir un autre examen fur le fond, attendons au moins, Meffieurs, que l'Affemblée s'occupe des objets de légiflation ; alors vous conviendrez peut-être que je fuis auffi févère en cette matière, que ceux qui ont la plus haute opinion des facrifices que les Corps doivent s'empreffer de faire à l'intérêt général de la Nation. Mais alors je foutiendrai encore, je foutiendrai jufqu'à l'extrémité, que ces facrifices doivent être faits à l'intérêt national, au foulagement du peuple, & non à l'intérêt particulier des propriétaires fonciers, c'eft-à-dire, en général des claffes les plus aifées de la fociété.

» Je me borne donc à ce qui doit faire l'objet de votre délibération actuelle, & je propofe l'article fuivant, qui n'eft que le développement de votre arrêté du 4.

» Toutes dîmes feront rachetables en nature ou en argent, de gré à gré , entre les Communautés & les Décimateurs , ou d'après le mode qui fera fixé par l'Affemblée Nationale ; & le prix du rachat

des

des dîmes ecclésiastiques sera converti en revenus assurés, pour être employés, au gré de la Loi, à leur véritable destination ».

Nota. Le Public est suffisamment instruit de ce qui s'est passé dans le reste de la soirée du 10, pendant la nuit qui l'a suivie, & hier matin. Voici l'Arrêté de l'Assemblée Nationale :

« Les Dîmes de toute nature, & les redevances qui
» en tiennent lieu, sous quelque dénomination qu'elles
» soient connues & perçues, même par abonnement,
» *possédées par les Corps séculiers & réguliers*, par les
» Bénéficiers, les Fabriques, & tous gens de main-
» morte, même par l'Ordre de Malte, & autres Ordres
» Religieux & Militaires, même celles qui auroient été
» abandonnées à des Laïques, en remplacement &
» pour option de portions congrues, SONT ABOLIES,
» sauf à aviser aux moyens de subvenir, d'une autre
» manière, à la dépense du Culte divin, à l'entretien
» des Ministres des Autels, au soulagement des Pau-
» vres, aux réparations & reconstructions des Eglises
» & Presbytères, & à tous les Etablissemens, Sémi-
» naires, Ecoles, Colléges, Hôpitaux, Communautés
» & autres, à l'entretien desquelles elles sont actuel-
» lement affectées.

» Et cependant, jusqu'à ce qu'il y ait été pourvu,
» & que les anciens Possesseurs soient entrés en jouis-
» sance de leur remplacement, l'ASSEMBLÉE NA-
» TIONALE *ordonne* que lesdites Dîmes continueront

» d'être perçues ſuivant les Loix & en la manière
» accoutumée.

    » Quant aux autres Dîmes, de quelque nature
» qu'elles ſoient, elles feront rachetables de la ma-
» nière qui ſera réglée par l'ASSEMBLÉE ; & juſqu'au
» Règlement à faire à ce ſujet, l'ASSEMBLÉE NA-
» TIONALE ordonne que la perception en ſera auſſi
» continuée ».

F I N.

CPSIA information can be obtained
at www.ICGtesting.com
Printed in the USA
BVHW041055271218
536518BV00006B/127/P